浙江省普通高校“十三五”新形态教材

扫描二维码
看视频教程

太极拳
文化与实践
（中文版）

主 编 吴 炜
副主编 李志良 崔文娟 黄 欢
顾 问 张伟慷 顾小明 王忆停 杜 茜 江 山

北京语言大学出版社
BEIJING LANGUAGE AND CULTURE UNIVERSITY PRESS

图书在版编目（CIP）数据

太极拳文化与实践 / 吴炜主编 . —— 北京 ：北京语言大学出版社，2022.12

ISBN 978-7-5619-6186-5

Ⅰ . ①太… Ⅱ . ①吴… Ⅲ . ①太极拳－文化研究 Ⅳ . ① G852.11

中国版本图书馆 CIP 数据核字（2022）第 198894 号

太极拳文化与实践
TAIJIQUAN WENHUA YU SHIJIAN

责任编辑：周 鹂 刘晓真　　责任印制：周 燚
封面设计：春天书装　　排版制作：李 越

出版发行：北京语言大学出版社
社　　址：北京市海淀区学院路 15 号，100083
网　　址：www.blcup.com
电子信箱：service@blcup.com
电　　话：编 辑 部　8610-82303670
　　　　　国内发行　8610-82303650/3591/3648
　　　　　海外发行　8610-82303365/3080/3668
　　　　　北语书店　8610-82303653
　　　　　网购咨询　8610-82303908
印　　刷：北京鑫丰华彩印有限公司

版　　次：2022 年 12 月第 1 版　　印　　次：2022 年 12 月第 1 次印刷
开　　本：787 毫米 × 1092 毫米　1/16　　印　　张：5.5
字　　数：78 千字
定　　价：32.00 元

PRINTED IN CHINA
凡有印装质量问题，本社负责调换。售后QQ号1367565611，电话010-82303590

前言

当前，中国特色社会主义进入新时代，国家“一带一路”倡议深入推进。促进“一带一路”建设，文化需先行。文化是联系世界各国人民心灵的纽带，文化如水，润物无声。太极拳是以太极哲理为依据，汲取传统养生和技击智慧而编创的一种武术，是中华优秀传统文化由里及外的形体表达。长期习练太极拳既能增强体质，又能修身养性。集文化、保健、武术三种属性于一体的太极拳向全世界展现着中华民族的文化精髓，有助于各国人民共享古老东方的体育实践。太极拳以其独特的运动形式、深厚的文化底蕴、显著的健身效果吸引着越来越多的人。它是世界文化遗产，也是宣传中国文化的重要载体，更是助力文化交流的重要媒介。

目前，全球近200个国家和地区有3亿多人练习太极拳。长期以来，太极拳的国际传播一直存在着缺乏统一的技术标准、科学的锻炼方法以及突出的语言障碍等问题，当代太极拳文化的蓬勃发展更加凸显了这些传统难题。作为太极拳传承与发展的重要阵地和人才培养平台，普通高校在太极拳教育中的战略地位和关键作用不容忽视，而外国语院校更是责无旁贷。太极拳文化的国际传播迫切需要太极拳多语种教材的开发与建设。

本教材以“弘扬中华文明、传播太极文化”为目标，以太极文化为载体，用中文、德语、法语、意大利语、俄语、西班牙语、葡萄牙语7种语言将太极拳拳技、太极文化同时纳入教学内容，既引导学员通过太极拳体悟太极文化，又引导学员运用太极思维习练太极拳，在提高太极拳健身价值的同时发挥太极拳的文化价值。本教材可为涉外教学提供参考，亦可作为太极拳爱好者自主学习及锻炼的指导教材和孔子学院教师的参考用书。

本书配套视频由2008年北京奥运会女子太极拳、太极剑全能冠军崔文娟做动作示范。

作为浙江省普通高校“十三五”新形态教材，本教材的编写将为浙江外国语学院着力建设浙江省国际化人才培养的重点基地、服务浙江开放强省的智囊高地和浙江省国际文化教育交流的重要阵地做出积极的贡献。

导学

24 式太极拳是学习太极拳的入门课程，不仅有动作和招式，而且涵盖了多种技法和养生哲理。

本教程一共分为两章，每章都围绕着如何理解、如何练好太极拳来编写。第一章“太极拳概述”偏重理论，同学们可以大致了解太极拳的起源与发展、24 式太极拳的习练要求和基本姿态等；第二章“跟我练太极”属于实践，内容为分式太极拳每一招式学练和组合学练。全套 24 式动作共分为 8 个组合，每个组合的单式动作学完后，有一次完整的组合动作练习，以帮助同学们建立完整的太极拳套路概念。对 24 式太极拳每一招式的介绍又分为拳式名称释义、动作学练、学练要点、攻防含义、健康贴士等几部分，目的是让大家能够更加清晰地学习和掌握动作的细节和精髓。比如“拳式名称释义”，就是通过对拳式名称的诠释帮助大家了解动作内涵，领略太极拳与其他拳术的不同；再如“攻防含义”，是为了让大家知其然并知其所以然，更好地理解动作的含义。需要说明的是，24 式太极拳每式不一定只有一种攻防含义，本教程主要介绍其中一种，供同学们参考。

24 式太极拳是以技击动作为基本内容的运动形式，有着极其丰富的技法，攻防技击性是其基本属性。24 式太极拳虽为简化太极拳，但习练时仍应表现出中国武术的技击技法和招数。

现代社会中，人们的生活节奏不断加快，身心健康容易出现问题。太极智慧启迪我们，生活中需要阴阳平衡、张弛有度、动静结合。我们学习太极拳，可以从中国传统文化中吸取营养、领悟智慧，找到一种健康、快乐的生活方式。

同学们，让我们练起来吧！

目录

第一章

太极拳概述

第一节　太极拳的起源

一提到太极，很多人会想到上世纪 90 年代的一部电影《太极张三丰》。由于这部电影的热映，不少人认为太极拳是张三丰创立的。

那么，真的是张三丰创立了太极拳吗？太极拳究竟是由谁创立的？这个问题，虽然人们已经讨论了数百年，但至今仍是一个谜。清代李亦畬《太极拳小序》的第一句话就说："太极拳不知始自何人。"现在比较流行的说法有张三丰创拳说、陈王廷创拳说、王宗岳创拳说等几种。

一、张三丰创拳说

关于张三丰是如何创立太极拳的，有三种不同的说法。

第一种说法是，张三丰原名张君宝，从小在少林寺当和尚，练出了一身少林硬功夫。后来少林寺遇上大劫难，张君宝侥幸大难不死，于是每天都想着要练成绝世神功，为少林寺报仇。结果，他在练武的过程中急火攻心，变得疯疯癫癫。据说他一天发病三次，大家都叫他"三疯子"，这就是张三丰名字的由来。俗话说，"不疯魔不成活"，就是这个每天疯三次的张三丰，无意之中找到了练成神功的诀窍。张三丰最后创立了看似被动无奇实则威力无穷的太极拳，为少林寺报了仇，而他本人也成了内家功夫的开山鼻祖。

第二种说法是，有一天，张三丰看一只喜鹊和一条蛇打架。观察许久后他发现这条蛇有个特点：当喜鹊攻击它的头部时，它用尾部来还击；当喜鹊攻击它的尾部时，它用头部来还击；当喜鹊攻击它的腹部时，它则用头部和尾部一齐来夹攻喜鹊，还伺机反咬一口。如此连续多次，喜鹊一直没能打到这条蛇。张三丰忽然醒悟，长蛇盘旋，喜鹊飞舞，不正是在画弧、转太极吗？他由此悟出了太极以柔克刚的道理，并根据太极阴阳变化的原理，创立了太极拳法。

第三种说法是，张三丰原本就是道士出身，是道教内丹修炼的集大成者。内丹道术是一个人体修炼、养生的大系统，太极拳是其中一个子系统，即动态的功法系统，需与打坐修炼等静态的功法系统相配合。太极拳是运用道家哲理、阴阳学说和五行八卦演变之法，结合人体内外运行规律而形成的一种刚柔并济、动静结合的拳种，与道教养生有着不可分割的联系。

张三丰创拳说由来已久，比如杨氏太极拳创始人杨露禅之孙杨澄甫在《太极拳体用全书》中说："先大父更诏之曰，太极拳创自宋末张三丰。传之者，为王宗岳。陈州同、张松溪、蒋发诸人相承不绝。陈长师，乃蒋发唯一之弟子。"杨家后人和主要传人的著作都持这种观点，至今也还有很多人赞同此说法。

二、陈王廷创拳说

这一观点由近代著名武术史学家唐豪提出。他认为，太极拳为明末陈王廷编创。1931 年，唐豪等人实地考察了河南温县陈家沟村，查阅了县志和《陈氏家谱》等资料，然后得出此结论。陈氏第九世陈王廷有一首《长短句》："叹当年，披坚执锐，扫荡群氛，几次颠险！蒙恩赐，枉徒然，到而今，年老残喘，只落得《黄庭》一卷随身伴。闲来时造拳，忙来时耕田。趁余闲，教下些弟子儿孙，成龙成虎任方便。"也就是说，因为当时政局动荡，陈王廷晚年就归隐乡村研究拳术。他借助祖传器械，吸收各家拳法精华，创编了陈式太极拳。他还参照戚继光《拳经》歌诀，提纲挈领地撰写了纲要性歌诀《拳经总歌》，该歌诀成为陈式太极拳的经典。此外，现在广为流行的几大类太极拳与陈式太极都有着渊源或师承关系，使得陈王廷创拳说成为关于太极拳起源的一种主流观点。

三、王宗岳创拳说

明代王宗岳在中国太极拳史上的重要地位为历代拳家所公认。他首次运用易学概念，并借助《周子全书》，写成《太极拳论》，从此确立了“太极拳”这一名称，《太极拳论》也成为太极拳传统理论的顶峰。由于王宗岳第一次较为系统地论述了太极拳拳理、拳技，而且他在武术史中有迹可查，故有人认为王宗岳总结前人经验，首创太极拳于世，后传入陈家沟。现存文献记载中有“王宗岳传拳蒋发，蒋再传陈长兴”之说。

四、其他观点

其他观点还有：陈家沟陈卜创拳说、唐代许宣平创拳说、唐代李道之创拳说（称“先天拳”）、唐代胡镜子创拳说、明代戚继光创拳说、南北朝韩拱创拳说，等等。这些说法大都有所凭据：或据拳法名称，或据拳理记载，或据历史传承线索。各种说法也都有附和者。

五、太极拳究竟创自何人

否定张三丰创太极拳者认为，和尚、道士创拳说是一些人为了神化武术而牵强附会。张三丰其人在历史上本来就扑朔迷离，宋、明两代皆有不同的人物对应这个名号，是否真有其人还难以确定，把太极拳归为他所创立，未免失于玄虚。

关于“陈王廷创拳说”，有研究者指出，这种说法所依据的《拳经总歌》与太极拳技理相去甚远，且凭《陈氏家谱》中“陈式拳手、刀枪创始之人”及“闲来时造拳，忙来时耕田”的诗句立论过于单薄和武断。名为陈王廷的历史上也不止一人，唐豪先生则是混淆了明末战将陈王廷和陈家沟陈卜九世孙武秀才陈王廷，故“陈王廷创拳说”难以成立。而且在陈式太极拳之前已有许多太极拳的痕迹出现。

对于“王宗岳创拳说”，也有人表示异议，认为王宗岳是中兴太极的大家而非创始人，在他之前太极拳已出现。

太极拳究竟起源于何时何地，由何人创立，至今仍是一个谜。研究、争论这一问题本身并非硬要给太极拳寻个“祖宗”。由于种种原因，我国史籍中关于武术人物及事件的记载极为缺乏，使得许多武术线索模糊不清。但有一点可以肯定的是，太极拳不太可能由某一两个人根据什么原理一下子有所感悟而发明出来，必然有一个历史传承的过程，是历代拳家和拳术爱好者在继承前人实践经验的基础上不断创新发展所取得的丰硕成果。

第二节　太极拳的传承与发展

一、太极拳的传承

尽管人们对太极拳的起源还有争论，但对现在广为流传的杨、吴、武、孙各式太极拳都源于陈式太极拳这一点，则没有异议。陈式太极拳为明代河南温县陈家沟陈王廷所创。从他创拳开始，陈氏太极拳一直在陈氏家族内部世代传承。陈家沟男女老少都练拳，太极拳之风盛行。当地流传这样一句话：喝喝陈沟水，都会跷跷腿。

从陈氏十四代陈长兴开始，陈式太极拳的传承方式发生了巨大的改变。这要从杨式太极拳创始人杨露禅到陈家沟学拳说起。杨露禅自幼好武，因为家贫，经常在县城一家杂货店跑腿当差。有一次他路过广平府太和药店时，外面有几个恶棍来闹事，想把低廉的药材高价卖给掌柜的。见掌柜的不从，恶棍挥拳就向掌柜打去，可是掌柜手一挡，恶棍立马跌出了好几米远。这令杨露禅极为惊讶和佩服，于是他就进店问掌柜。原来掌柜是陈家沟人陈德瑚，他打的拳是陈家沟的陈式太极拳。于是，杨露禅苦苦哀求陈德瑚收自己为徒，但陈家的规矩是传内不传外，即只在陈氏家族内部传承。

关于杨露禅学拳一事，民间流传着多种说法，其中有一种说杨露禅为了学拳，以卖身契的形式把自己卖给陈德瑚，当陈德瑚老年回乡的时候，杨露禅也跟着回了陈家沟。但是陈长兴还是不教他，于是，杨露禅便每晚趴在墙头偷看。结果有一次，陈长兴教拳的时候杨露禅趴在墙头情不自禁地喊了声“好”，这一出声就被陈氏弟子当场抓住了。但是，陈长兴是个格局很大的人物，不但没有怪罪他偷学，反而大胆摒弃门户之见和江湖禁忌，收下杨露禅为徒，并和陈德瑚商量，允许杨露禅一边打工一边学拳。杨露禅三下陈家沟，经过 18 年的学习，深得陈式太极拳的精髓。从此，陈式太极拳开始传给外姓徒弟，后逐渐衍生出杨式、武式、吴式、孙式等多家流派。陈式太极拳发源于陈家沟，在河北得到了极大的发展。

二、太极拳的普及与发展

杨露禅 40 岁左右时回到家乡河北永年教拳。他在家乡和别人比武，结果把人打伤了，为了躲避官司，他一个人逃到了北京。后来经专为王府做酱菜的“天义顺”的掌柜张四胖介绍，杨露禅就到王公家中教拳为生。

他在北京授拳时，弟子多为王公大臣、贝勒贵族，生活奢侈，体弱多病，又吃不了苦。杨露禅考虑到这些人的身体素质和保健需要，把陈式太极拳中的一些高难度动作做了修改，让拳架姿势较为简单，动作柔和易练，既适合普通人练习，又有益于健身。时间长了，便形成了自己独特的风格，称为杨式太极拳。总之，杨露禅对太极拳的普及和传播做出了巨大的贡献。

杨露禅有一位老乡叫武禹襄，他自幼习文好武。1850 年，杨露禅从陈家沟学艺后返乡，武禹襄兄弟三人便跟杨露禅学习陈式太极拳，但仅得其大概。1852 年，武禹襄奉母命去舞阳看望兄弟，他绕道温县赵堡镇拜访当地太极拳名师陈清平，学到了拳技奥秘。之后，他又从长兄武澄清那里获得王宗岳的《太极拳谱》，读后大悟。从此，他放弃科举考试，终身致力于太极拳术的研究。他研究王宗岳太极拳论，写出了《十三势行功要解》等著名拳论，把太极拳升华为练意、练体、养气三者相结合的高级拳术。他的传人李亦畬更是将其发扬光大，写有《五字诀》等著作。武、李两家所写拳论，为太极拳的发展提供了系统完整的理论体系。

在杨露禅、武禹襄和他们的传承人的辛勤努力下，太极拳开始成为既有理论指导，又有教学内容，且有符合时代要求的教学方法的拳法，为日后的发展壮大奠定了良好基础。这是太极拳在众多拳种中脱颖而出，成为举世瞩目的体育运动项目的根本原因。

辛亥革命后，由于政权更迭和交通工具的改进，军事手段发生改变，影响了武术的发展，清末掀起的武术高峰至此跌入低谷。但是太极拳由于其本身的优势，继续为各界人士，特别是政界、军界和知识界人士所钟爱。

自清末到民国，杨家三代一直在北京传授拳艺，民国时期，杨露禅之孙杨澄甫还远赴上海、杭州、武汉、广州等地传拳；吴式太极拳创始人吴鉴泉也先后在北京、上海开堂授艺；陈长兴曾孙陈发科也走出陈家沟，将陈式太极拳带到北京，改变了“谁知豫北陈家技，却赖冀南杨氏传”的局面；郝为真、郝月如、郝少如一家三代从武禹襄的外甥李亦畬那里学得了武式太极拳，先后将其传于北京、南京、上海等地，使武式太极拳得到了广泛传播；孙禄堂结合形意拳、八卦掌，于 1918 年创孙式太极拳后，在 1928 年将其带到中央国术馆，使其得到了广泛传播。此外，民国时期出版的太极拳著作共计 70 余部。

可以说，从清末到民国，太极拳走出陈家沟，新的太极拳流派不断涌现，太极拳进入了一个快速普及与发展的阶段。

三、太极拳的繁荣

新中国成立后，太极拳受到党和国家领导人的重视，更是进入了一个前所未有的大繁荣时期。

为普及太极拳，国家体委（现为国家体育总局）编制了易于学习的 24 式、48 式简化太极拳，出版了陈、杨、吴、武、孙式等太极拳专著；学校开设了太极拳课程；医疗部门还把太极拳锻炼用于临床实践。各地太极拳社、辅导站也相继兴起，社会各界越来越多的人士参加了太极拳锻炼。太极拳成为国人锻炼身心、陶冶情操的最好手段，参加人数之多，流传地区之广，是其他体育项目都难以望其项背的。

同时，香港和台湾地区的太极拳家在向海外推广太极拳方面也做出了可喜的成绩。

遗憾的是，这一时期过多强调太极拳的健身作用和表演的形式美，虽然在普及方面取得了巨大成绩，但对太极拳技击特点的继承和研究未能给予应有的重视，致使不少特技面临失传。

四、太极拳的国际化

1978年11月16日，邓小平为日本太极拳爱好者题写了“太极拳好”四个大字，揭开了太极拳运动的新篇章，不少城市成立了太极拳研究会。

1990年北京亚运会开幕式上，1400名中日太极拳爱好者进行了集体表演；2008年北京奥运会开幕式上，塔沟武校2000多名师生的太极拳表演令世界惊叹。1991年和1994年在河北省邯郸市广府镇举办的第一、第二届国际太极拳联谊会（后改名为“国际太极拳运动大会”），推动太极拳走向国际，把太极拳运动推向了新的高潮。

据统计，目前全球有超过3亿人在练习太极拳。太极拳作为太极文化的代表，其内涵和作用早已超越了武术范畴，是中华优秀传统文化的真实展现。在全球文化日益融合的情况下，太极拳能够被世界各国所效仿和学习，是我们民族的骄傲。太极拳文化将为推动我国文化软实力的建设做出重要的贡献。

第三节　24式太极拳的由来

太极拳的由来

新中国成立后，为增强人民体质，大力推动群众体育运动的开展，在国家体委（现为国家体育总局）的大力倡导和支持下，当时国内著名的太极拳专家和学者，以“挖掘、整理、研究、提高”为指导方针，拟订了精简太极拳初稿，其内容由各流派太极拳的代表性动作组成。初稿公布后，大众普遍反映内容不够简明，广泛普及比较困难，于是1955年国家体委再次组织专家进行多方面的调研、考证。专家们结合大众的需求，选择了当时在社会上流传最广泛、适应性较强、民众最易接受的杨式太极拳的大架套路。在保留杨式太极拳技术特点以及基本规格、基本要求的基础上，从传统杨式太极拳的 80 余个动作中，精选出 24 个具有代表性的主要技术动作，重新编排。其原则是：精选出来的动作要符合杨式太极拳柔和、均匀、中正、平稳的特点，突出易学、易练、易于推广的时代特征，以体现体育的群众性、健身性。

在内容的编排上，24 式太极拳突破了传统套路的固有程序和模式，对传统杨式太极拳套路中难度较大或重复过多的动作进行了一定的删减和重组，并遵循动作结构由简到繁、由易到难的教学原则：首先安排直进动作，其次安排后退和侧行动作，最后穿插蹬脚、下势、独立和略微复杂的转折动作。由浅入深、循序渐进，使学习者便于学习，以达到易练、易记的目的。在动作的安排上，突出重点动作，增加左右势的对称练习，避免了传统套路中只有左下势、右揽雀尾的偏重现象，便于学习者收到全面锻炼的效果。

我们不要人为地把简化太极拳与传统太极拳对立起来，简化太极拳在理论上、技术上、动作的要领上和传统杨式太极拳是一致的。实际上，简化太极拳只是动作的数量和运动量简化了，而动作的文化内涵、健身价值、攻防含义，动作的要领及动作的规格并没有简化。换句话说，简化太极拳相对于传统太极拳而言，无论是动作结构、练习方式，还是技术原理，都只是量的变化，没有质的改变，传统杨式太极拳的精髓没有丢。式子简化了，但要领没有简化；动作减少了，但每个动作内部的结构没有破坏，仍然保持着相对的完整性。

24 式简化太极拳于 1956 年正式公布，成为国内外太极拳爱好者的最佳练习范本和入门教程，为太极拳的进一步普及与提高、为太极拳走向世界发挥了积极的作用。时至今日，24 式太极拳已成为世界上流传最广、练习人数最多、应用于医疗研究最普遍的太极拳套路。

第四节　24 式太极拳习练要求和基本姿态

在学习 24 式太极拳课程前，先让我们来了解一下太极拳演练的三维原则，体会虚领顶劲与含胸拔背两个动作的基本身形要求，这样能让我们逐步找到正确的身体姿态和感觉。

一、演练太极拳应该遵循的三维原则

1. 垂直线：立身中正，躯干保持垂直，不可前俯后仰。

2. 平行线：重心移动保持在一条水平线上，不可高低起伏。

3. 弧线：手臂动作走弧线，不可直来直去。

二、基本姿态要求

（一）虚领顶劲

虚领顶劲是对头部姿势的要求。就是把颈竖立起来，使头顶保持正直安舒，使全身气血顺畅起来。

动作要领：下颌微内收，百会穴上领。

习练要求：

1. 想象头顶有一根绳子把脊椎像算盘珠子一样，一节一节向上提起。

2. 想象脖子去贴衣服的后领。

3. 想象头顶顶着一碗水，不要让它掉下来。

（二）含胸拔背

含胸拔背是指躯干的动态姿势。含胸是指胸部中正自然，不凹不凸，两肩骨节微向前提，随着动作的变化，胸肌下沉；拔背是指当胸略内含时，背部肌肉往下松沉，而两肩中间的脊骨似乎有鼓起上提而非向后拉之意。

动作要领：胸略内含，背部舒张。

习练要求：

1. 想象肋骨和胸口向后贴向脊椎。

2. 感觉肩胛骨像两扇门一样微微向两侧张开。

3. 想象双手抱着一个不断膨胀的大气球，气球把胸腔向后推。

第五节　24 式太极拳基本动作规格

一、基本手型

1. 掌

五指微屈分开，掌心微内含，虎口自然撑圆、成弧形。

2. 勾

掌心内含，五指第一指关节自然捏拢，屈腕。

3. 拳

四指并拢，扣于掌心，拇指压于食指、中指第二指节上，握拳不可太紧，拳面要平。

二、抱球手法

右抱球：右手在上，与胸同高，左手在下，与腹部同高，掌心相对，好像抱了一个篮球。慢慢翻转成左抱球：左手在上，与胸同高，右手在下，与腹部同高，掌心相对，好像抱了一个篮球。反复 5—8 次。

三、基本步法

1. 弓步：一脚全脚掌落地踏实，屈膝前弓，膝部不可超过脚尖；另一腿挺膝伸直，膝关节微屈，脚尖内扣，与前进方向成45度；两脚横向距离为10—20厘米。

2. 仆步：一腿全蹲，大腿和小腿靠紧臀部，全脚着地，膝关节与脚尖稍向外展；另一腿自然蹬直，平铺接近地面，脚尖内扣。

3. 虚步：一腿屈膝半蹲，全脚踏实，脚尖与正前方成45度，膝关节与脚尖在同一方向；另一腿微屈膝，前脚掌或后脚掌踏地。

4. 丁步：一腿屈膝半蹲，重心在屈膝腿上；另一腿以前脚掌点于屈膝腿内侧。重心虚实分明，点地腿的小腿肌肉不可紧张。

5. 独立步：一腿自然直立；一腿屈膝提起，大腿高于水平线，脚尖自然下垂。

四、太极拳步法

（一）上步

1. 一腿屈膝支撑，另一腿经支撑腿内侧向前半步，脚跟先落地，身体重心随之前移，屈膝向前弓出，膝关节不超过脚尖。

2. 左右上步：连贯动作。由左弓步开始，重心后移，左撇脚45度，右丁步，右转体上步，成右弓步；重复以上动作，方向相反。

要求：行进间保持立身中正，重心平稳，落脚轻灵，蹬地、出脚时不可砸地或抬脚过高，支撑腿膝盖不可“跪膝”内扣，弓步时膝盖不要超过脚尖。可以循环做5—8次。

（二）退步

1. 一腿屈膝支撑，另一腿经支撑腿内侧后退一步，前脚掌着地，身体重心随之后移，全脚掌落地踏实，脚尖、膝关节与后退方向成45度。

2. 左右退步：连贯动作。由左虚步开始，抬脚，落步，成右虚步；重复以上动作，方向相反。

要求：整个退步过程中保持重心平稳，重心虚实分明。可以循环做5—8次。

（三）侧行步

1. 两腿屈膝，脚尖、膝盖均朝前，两脚内侧相距10—20厘米。左脚提起向左侧开步，前脚掌先着地，重心随之左移，左腿屈膝，右腿自然伸直，脚跟提起，提收右脚，在左腿内侧并步，相距10—20厘米。

要求：整个过程中保持重心平稳。可以循环做5—8次。

第二章

跟我练太极

预备式 / 无极桩

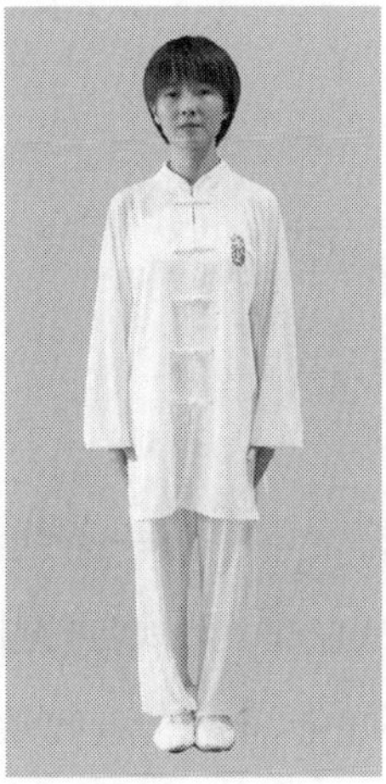

1. 并步站立

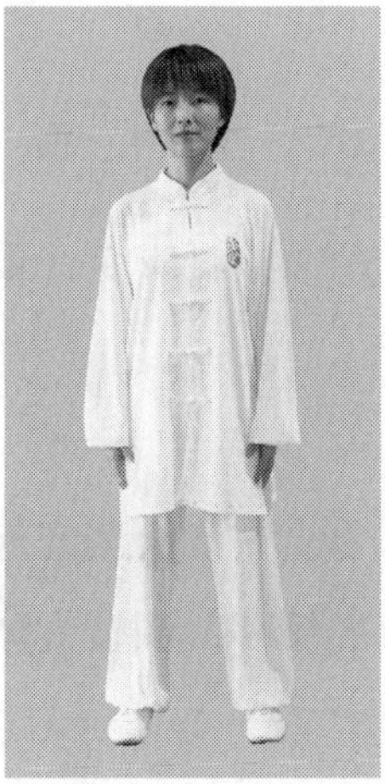

2. 左脚开立

(一) 拳式名称释义

预备式又称无极桩，是太极拳基本功之一，始于中国古典哲学中“无极”的概念。它的核心作用在于“以静待动”。有拳谚云：“练拳先从无极始，阴阳开合认真求。”也就是说，练习者要通过自身有序化的“调身、调息、调心”活动来做好练拳的准备，以便拳式一展开，便自然地进入太极的阴阳和谐之中。

（二）动作学练

1. 完整示范：（1）并步站立。（2）左脚开立。

2. 下肢动作分解：（1）身体自然站立，两脚并拢。（2）左脚向左分开，两脚平行，与肩同宽。

3. 上肢动作分解：两手垂于大腿外侧；头颈正直，口闭齿扣，胸腹放松；眼平视前方。

（三）学练要点

起脚时先提脚跟，高不过脚踝；落脚时前脚掌先着地。要做到点起点落、轻起轻落。

（四）攻防含义

守我之静，待彼之动，从容应变，乘虚而攻。

（五）健康贴士

1. 通过静桩练习，百会穴和会阴穴保持上下垂直一条线，有利于任督二脉的自然接通，促进周天气血的循环，调节人体气血平衡，增进健康。

2. 舌抵上颌产生的唾液，会使练习者增强消化、吸收功能。长期习练太极拳，能使人气血畅通，精力充沛，有较好的健身作用。

一、起势

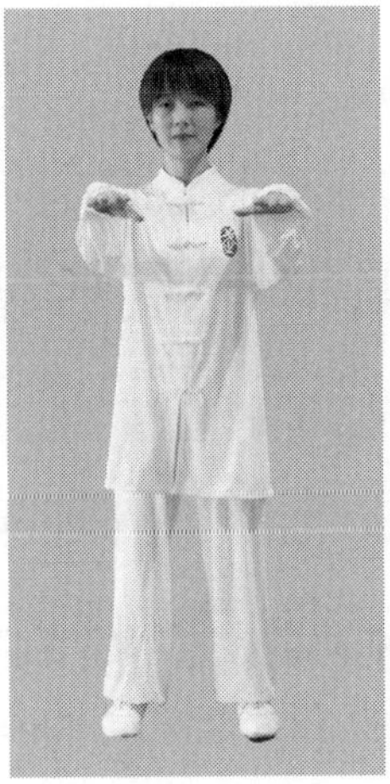

1. 两臂前举

2. 屈膝下按

（一）拳式名称释义

起势是练习太极拳的起始动作，或称“开门式”，它也是为每一次演练速度的快慢、架势的高低和气势神韵所做的一个基本的定调。有拳家说：“起势就是建立好练拳的和谐模式和规范，把练拳纳入一个平衡的、合于规矩的轨道。”同时，起势也是由“无极”到“太极”的一个转变过程，是由静而动。换句话说，从起势开始，练习者就正式进入了意气运动和周身协调的和谐之中，使意气运动贯穿于练拳的过程中。

（二）动作学练

1. 完整示范：接预备式。（1）两臂前举。（2）屈膝下按。

2. 下肢动作分解：两腿慢慢屈膝半蹲。

3. 上肢动作分解：（1）两臂慢慢向前举，自然伸直，两手心向下。（2）两掌轻轻下按至腹前。

（三）学练要点

上举两臂时，不可耸肩，不要出现指尖朝下的“折腕”。屈膝时应松腰敛臀，上体保持正直，两掌下按时沉肩垂肘。

（四）攻防含义

对方以双掌按压我双肩，我即以松肩垂肘、重心下沉化其劲力，趁对方回缩之时，以双臂进击，使对方身体向后倾倒。

（五）健康贴士

本式以意引动，缓缓运行，有利于平衡协调交感神经和副交感神经的兴奋与抑制，促进血液循环，提高身体素质，增强抗病能力，对失眠和抑郁也具有较好的缓解作用。

二、左右野马分鬃

1 左野马分鬃

1. 抱球收脚

2. 转体上步

3. 弓步分掌

2 右野马分鬃

1. 抱球收脚

2. 转体上步

3. 弓步分掌

3 左野马分鬃

1. 抱球收脚

2. 转体上步

3. 弓步分掌

（一）拳式名称释义

“野马分鬃”是两手缠旋、侧身而进、左右分按、整体发力的动作。这是一个象形的动作名称，两手前后分开，犹如野马奔驰在旷野中时鬃毛被风吹得左右分披，而弓步就像是飞腾中的马蹄，故而得名。拳谚说：“中气上自百会穴，下贯长强穴，如一线穿成。两手犹如两个圆环，互相上下更迭而舞。”在 24 式太极拳中，本式共有左、右、左三个分式，全称为“左右野马分鬃”。

（二）动作学练

左野马分鬃

1. 完整示范：接“起势”之屈膝下按动作。（1）抱球收脚。（2）转体上步。（3）弓步分掌。

2. 下肢动作分解：由屈膝动作开始。（1）转腰收脚成丁步。（2）转体上步，脚掌抬起，脚跟先着地。（3）弓步前移，膝盖垂直于脚尖，右脚尖朝外 45 度。

3. 上肢动作分解：由双手下按动作开始。（1）转腰右抱球，两手掌心相对，右手与肩同高，左手置于腹前。（2）左右手随转体分别向左上、右下分开，左手与鼻尖平，手心斜向上；右手按至胯旁，手心向下，指尖向前，两臂微屈；眼朝左手方向，平视前方。

右野马分鬃

1. 完整示范：接左弓步分掌动作。（1）抱球收脚。（2）转体上步。（3）弓步分掌。

2. 下肢动作分解：接左弓步动作。（1）重心后移，右腿屈膝后坐。（2）左脚脚尖外摆 45 度。（3）重心前移，收右脚成丁步。（4）转体上步。（5）弓步前移。

3. 上肢动作分解：接分掌动作。（1）左手翻转，掌心向下；右手经腹前划过，成左抱球。（2）左右手随转体分别向左下、右上分开，右手与鼻尖平，手心斜向上；左手按至胯旁，手心向下，指尖向前，两臂微屈；眼朝右手方向，平视前方。

左野马分鬃

1. 完整示范：接右弓步分掌动作。（1）抱球收脚。（2）转体上步。（3）弓步分掌。

2. 下肢动作分解：接右弓步动作。（1）重心后移，左腿屈膝后坐。（2）右脚脚尖外摆 45 度。（3）重心前移，收左脚成丁步。（4）转体上步。（5）弓步前移。

3. 上肢动作分解：接分掌动作。(1) 右手翻转，掌心向下；左手经腹前划过，成右抱球。(2) 左右手随转体慢慢分别向左上、右下分开，左手与鼻尖平，手心斜向上；右手按至胯旁，手心向下，指尖向前，两臂微屈；眼朝左手方向，平视前方。

(三) 学练要点

1. 弓步时，不可过早将重心前移，以免造成脚掌沉猛落地；后脚应有蹬碾动作；分手与弓步要协调同步。

2. 转体撇脚时，先屈后腿，腰后坐，同时旋转两臂。

3. 前后脚要避免站在同一中轴线上。

4. 在左右野马分鬃的转换中，上体不可起伏过大。

(四) 攻防含义

对方以拳（掌）进击或拿我右（左）掌，我即以转体趁势引进，以化其来势，并以左（右）掌从对方左（右）臂下突然进击，攻入对方腋下，同时上左（右）步，以掤靠之力使对方跌倒。

(五) 健康贴士

1. 以脚底的力带动两胯，再通过两胯传到全身，使身体节节贯穿，疏通经络。具有调理神经紧张、舒缓身心压力、行气活血、止痛的功效。

2. 通过双臂屈伸、起落，起到扩胸舒腰的效果。长期习练，对支气管炎、肺气肿、哮喘、心肌梗死和腰肌劳损等具有较好的防治作用。

三、白鹤亮翅

1. 跟步抱球

2. 后坐转体

3. 虚步分掌

（一）拳式名称释义

“白鹤亮翅”为上引下击之法，一手在上（如同白鹤之首），一手在下（如同白鹤之翅）。这是一种模仿动物形象的命名方法。从太极拳的技击原理来说，“白鹤亮翅”时，右臂上扬为架格挤靠，或挪或截；左掌下按。定势为一腿坐实，一腿松弛虚点，两臂左右对称分展，脊柱中正，面向正前。两臂升降、旋转之势恰似鹤之翅膀展开之形，故而得名。演练中，既要体现太极拳的浑沉之态，又要展示出白鹤昂然挺拔、悠然自得的神韵。

（二）动作学练

1. 完整示范：接“左野马分鬃”之左弓步分掌动作。（1）跟步抱球。（2）后坐转体。（3）虚步分掌。

2. 下肢动作分解：（1）上体稍左转，右脚向前跟步，落于左脚后。（2）上体后坐并向右转体。（3）左脚稍向前移动，成左虚步。

3. 上肢动作分解：（1）左手内旋翻转向下，两手在胸前屈臂抱球。（2）右手分至右额前，掌心向内；左手按至左胯旁，上体转正；眼平视前方。

（三）学练要点

抱球与跟步要同时。转身时身体侧转不超过 45 度。虚步分掌时左脚前移与分掌同时完成。

（四）攻防含义

对方以右拳进击，趁转体之势，我以右掌向外拨化，握其腕臂；对方抽手以右拳再进击，我即以左掌引接，向外拨化架挡，使其来劲尽失。

（五）健康贴士

本式为调理经脉上行、升阳降阴、养精柔神的动作，具有调理神经紧张、舒缓身心压力、行气活血、止痛的功效。

【24 式太极拳组合动作　第一组】

一、动作名称

起势、左右野马分鬃、白鹤亮翅

二、动作口令

1. 起势：

两臂前举、屈膝下按

2. 左右野马分鬃：

右抱球收脚、左转体上步、左弓步分掌、重心后移屈膝、转体撇脚、左抱球收

脚、右转体上步、右弓步分掌、重心后移屈膝、转体撇脚、右抱球收脚、左转体上步、左弓步分掌

3. 白鹤亮翅：

上步抱球、落步转体、虚步分掌

四、搂膝拗步

1 左搂膝拗步

1. 转体摆掌

2. 丁步托掌

3. 上步屈肘

4. 左弓步搂推

2 右搂膝拗步

1. 转体摆掌

2. 丁步托掌

3. 上步屈肘

4. 右弓步搂推

3 左搂膝拗步

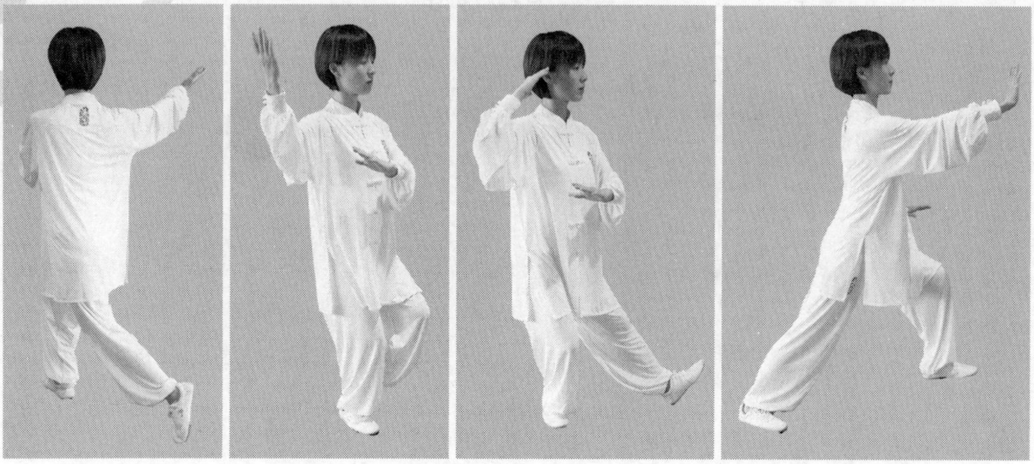

1. 转体摆掌　2. 丁步托掌　3. 上步屈肘　4. 左弓步搂推

（一）拳式名称释义

“搂膝”是指一手在膝前搂过，这是防御中的下路招法，以破对手攻击我的中下路；“拗步”是步法名，与“顺步”相对而言，指手与脚的配合关系，异侧的手和脚在前即为拗步。比如，做“左搂膝拗步”时，左脚往前方开步，右手往前方推出，此时左脚在前而左手在后，右手在前而右脚在后，左右、前后、上下构成交错的关系。拗步具有支撑八面的作用，它是练“意、气、劲”的典型拳式。24 式太极拳套路中，左、右、左式三个连做，合称“左右搂膝拗步”。

（二）动作学练

左搂膝拗步

1. 完整示范：接“白鹤亮翅”之虚步分掌动作。（1）转体摆掌。（2）丁步托掌。（3）上步屈肘。（4）左弓步搂推。

2. 下肢动作分解：（1）上体先微向左再向右转，左脚收回成左丁步。（2）转体上步。（3）弓步前移。

3. 上肢动作分解:（1）右手由体前下落摆掌，再向下、向后上方画弧至右肩外，手肘微屈，手与耳同高，手心向上；同时左手由左下向上、向右画弧至右胸前，手心斜向下；眼看右手方向。（2）搭耳按掌。（3）搂膝推掌（右手屈回成立掌，由耳侧向前推出，高与鼻尖平；左手向下由左膝前搂过，落于左胯旁，指尖向前；眼睛透过右手食指往前看）。

右搂膝拗步

1. 完整示范：接左弓步搂推动作。（1）转体摆掌。（2）丁步托掌。（3）上步屈肘。（4）右弓步搂推。

2. 下肢动作分解:（1）重心后移，屈膝摆脚 45 度。（2）重心前移成右丁步。（3）转体上步。（4）弓步前移。

3. 上肢动作分解:（1）上体左转，左手向外翻掌，向左上画弧至左肩外，左手肘微屈，手与耳同高，手心斜向上；同时右手随转体向上、向左下画弧落于左胸前，手心斜向下；眼看左手方向。（2）搭耳按掌。（3）搂膝推掌（左手屈回成立掌，由耳侧向前推出，高与鼻尖平；右手向下由右膝前搂过，落于右胯旁，指尖向前；眼睛透过左手食指往前看）。

左搂膝拗步

1. 完整示范：接右弓步搂推动作。（1）转体摆掌。（2）丁步托掌。（3）上步屈肘。（4）左弓步搂推。

2. 下肢动作分解:（1）重心后移，屈膝摆脚 45 度。（2）重心前移成左丁步。（3）转体上步。（4）弓步前移。

3. 上肢动作分解:（1）转体摆掌。（2）搭耳按掌。（3）搂膝推掌。

（三）学练要点

1. 推掌时不可前俯后仰，要沉肩坠肘，舒指坐腕。

2. 搂膝的手落于胯旁，掌心向下，指尖向前。

3. 拗弓步时，两脚的横向距离保持 10—20cm。

（四）攻防含义

对方用脚蹬我裆部或腹部，我迅速用左手搂开其右脚，同时左脚上步进身，以右掌击其胸部，使其向后跌倒。

（五）健康贴士

本式动作注重人体上下左右相对器官的对应调整，从中医养生治病理论来看，具有调理经络、益肺平喘的作用。和缓的起落动作，能刺激和调理手太阴肺经和人体督脉，对于虚寒哮喘和体虚引起的感冒、气管炎均有较好的防治作用。

五、手挥琵琶

1. 跟步展臂

2. 后坐引手

3. 虚步合手

（一）拳式名称释义

“手挥琵琶”定势时，左手在前，右手在后，侧身虚步，前后手交错，成合抱之势，犹如怀抱琵琶。其原意是指：用左手擒拿对手右肘关节的外部，好似手握琵琶之颈；而右手锁住对手右腕关节的内侧，又恰似挥拨琴弦，故而得名。

（二）动作学练

1. 完整示范：接左弓步搂膝推掌动作。（1）跟步展臂。（2）后坐引手。（3）虚步合手。

2. 下肢动作分解：（1）右脚跟进半步。（2）上体后坐，身体重心转至右腿上。（3）上体微向右转，左脚略提起，稍向前移变成左虚步，脚跟着地，脚尖跷起，膝部微屈。

3. 上肢动作分解：（1）左手由左下向上挑举，高与鼻尖平，掌心向右，臂微屈。（2）右手收回放在左肘里侧，掌心向里；眼看左手食指。

（三）学练要点

1. 后坐引手时，重心移动要平稳自然，摆掌时有上挑并向里合之意。

2. 虚步合手时，下肢动作与手部动作要协调一致。

3. 右手回抽时，要以腰带肘，以肘带手。

4. 上体中正，含胸拔背，不可突臀、仰身，双臂肘部微屈，腋下虚空。

（四）攻防含义

对方用右手打来，我在转身闪过的同时，用右手握其腕部，顺势向后牵引，同时用左手贴其右肘关节处，然后两手用力内合，握其臂向前推送，挫其肩关节。

（五）健康贴士

本式与搂膝拗步相结合，具有调理经络、益肺平喘的作用，对于虚寒哮喘和体虚引起的感冒、气管炎、脾胃虚弱均有防治作用。

六、倒卷肱

1 右倒卷肱

1. 转身托掌

2. 屈肘提膝

3. 退步、右虚步推掌

2 左倒卷肱

1. 转身托掌

2. 屈肘提膝

3. 退步、左虚步推掌

3 4 重复动作

（一）拳式名称释义

“倒卷肱”是以退步撤手转移对方进攻之势的反击法，又称为“倒撵猴”。顾名思义，犹如人猴相搏，我退步诱其深入，然后乘势击其头部，将其撵走。“倒卷肱”是以退行而避让左右的动作，它是24式太极拳套路中唯一的一招连续退步、以守为攻、边退边打的经典拳式，共左右各2式，合称“左右倒卷肱”。

（二）动作学练

右倒卷肱

1. 完整示范：接“手挥琵琶”之虚步合手动作。（1）转身托掌。（2）屈肘提膝。（3）退步，右虚步推掌。

2. 下肢动作分解：（1）右胯微微内收，重心仍在右腿，下肢基本保持原状。（2）左腿轻轻提起，向后（偏左）退一步，前脚掌先着地，然后全脚慢慢踏实，上体重心移到左腿上，成右虚步。

3. 上肢动作分解：（1）上体微向右转，右手翻掌向后上方画弧平举，臂微屈，左手随即也翻掌向上；眼睛（随着向右转体）先向右看，再（转向前方）看左手方向。（2）右臂屈肘，经耳侧向前推出，手心向前；左臂屈肘后撤（手心向上）至左肋外侧。

左倒卷肱

1. 完整示范：接右虚步推掌动作。（1）转身托掌。（2）屈肘提膝。（3）退步，左虚步推掌。

2. 下肢动作分解：（1）左胯微微内收，重心仍然坐实于右腿，下肢基本保持原状。（2）右腿轻轻提起，向后（偏右）退一步，前脚掌先着地，然后全脚慢慢踏实，上体重心移到右腿上，成左虚步。

3. 上肢动作分解：（1）上体微左转，左手翻掌向后上方画弧平举，臂微屈，右手随即也翻掌向上；眼睛（随着向左转体）先向左看，再（转向前方）看右手方向。（2）左臂屈肘，由左耳侧向前推出，手心向前；右臂屈肘后撤（手心向上）至右肋外侧。

（三）学练要点

1. 前推手不要伸直，后撤手与前推手都要随转体走斜弧形路线，两手的速度要一致。推掌时坐腕、展掌、舒指。

2. 后退时两脚不要落在一条直线上，前脚掌随上体转动，后腿坐实。

3. 眼睛随转体动作先向左或向右看，再转视前手。

（四）攻防含义

本式是防守反击的招式。如对方用右拳进击，我即以右掌采其腕，坐实右腿向右转体，向内引带对方，用左掌击其胸部或面部；同时左脚向内转动，锁住对方一脚并向上勾提，使对方失去重心被击倒。

（五）健康贴士

本式使人体左右相应器官对应调整，具有调理经络的作用，对于腰肌劳损之腰痛、劳倦内伤和身体虚弱引起的腰痛都有很好的调理作用。

【24式太极拳组合动作　第二组】

一、动作名称

左右搂膝拗步、手挥琵琶、倒卷肱

二、动作口令

由“白鹤亮翅”之虚步分掌动作开始，

1. 左右搂膝拗步：

转身摆掌收脚、丁步托掌、转体上步、弓步推掌、重心后移屈膝左撇脚、丁步托掌、转体上步、弓步推掌、重心后移屈膝右撇脚、丁步托掌、转体上步、弓步推掌

2. 手挥琵琶：

上半步、落步转腰摆臂、虚步合手

3. 倒卷肱：

转身托掌、退步推掌、转身托掌、退步推掌、转身托掌、退步推掌、转身托掌、退步推掌

七、左揽雀尾

1. 丁步抱球

2. 弓步掤臂

3. 转体摆臂

4. 转体后捋

5. 弓步前挤

6. 后坐引手

7. 弓步前按

（一）拳式名称释义

做本式动作时，两手来回往复，像轻柔地抚摸燕雀的尾羽，故称为“揽雀尾”。也有人把它解释为揽住敌人的手臂，并把手臂比作雀的头尾，用双手持“雀头雀尾”，并上下旋转，用粘黏之劲使其靠近自己，采用掤、捋、挤、按方法，将其掷出。

（二）动作学练

1. 完整示范：接“倒卷肱”之虚步推掌动作。（1）丁步抱球。（2）弓步掤臂。（3）转体摆臂。（4）转体后捋。（5）弓步前挤。（6）后坐引手。（7）弓步前按。

2. 下肢动作分解：（1）上体右转，左脚收成丁步。（2）转体上步，成左弓步。（3）重心后移至右腿。（4）重心前移，成左弓步。（5）上体后坐，左脚尖翘起。（6）重心前移，成左弓步。

3. 上肢动作分解：（1）上体右转，右抱球。（2）掤：上体左转，两手前后分开，左臂半屈向体前掤架；右手向下画弧，按于右胯旁，手心向下，五指向前；眼视左手。（3）上体稍向左转，左手向左前方伸出，手心向下；同时右臂外旋，向上、向前伸至左臂内侧，掌心向上。（4）捋：上体右转，身体后坐，两手同时向下经腹前向右后方画弧后捋，右手举于身体侧后方，掌心向外，左臂平屈于胸前，掌心向后；眼视右手。（5）挤：右手推送左前臂向体前挤出，两臂撑圆。（6）上体后坐，左手翻转向下，右手经左腕上方向前伸出，掌心转向下，两手左右分开，与肩同宽；两臂屈收后引，收至腹前，手心斜向下。（7）按：两手沿弧线推至体前。

（三）学练要点

1.“捋”时要转腰带手，不可直臂、折腕。

2.“挤”时松腰、弓腿要协调一致。

3.“按”时两手沿弧线向上、向前推按。

（四）攻防含义

“揽雀尾”包括了太极拳最基本的四种攻防手法：掤、捋、挤、按。

（1）“掤”的含义是，伸臂架接住对方的来手，筑起一道防线以观其变。如对方用右拳向我袭来，我即用掤的动作迎击，用左臂贴对方腕部，即前臂上掤。

（2）“捋”的含义是，对方用左拳进攻，我即闪身用左臂贴对方前臂，翻腕采按，以左掌附于对方臂膀，以向右转身之势，借对方之力，顺对方来势，将对方劲力化解。

（3）“挤”的含义是，双方交手时，对方进攻之手失败，欲回抽时，我即以挤手的方式随之跟进。

（4）“按”的含义是，对方挤劲进攻，我则以双掌左右分开化解，随即乘机以双按掌进攻。

（五）健康贴士

本式通过双手抱球动作导引人体元气上行，从头部下达四肢，尤其对心肺两脏气血具有较好的调整作用。其两手上下的动作则有利于三阴三阳经脉的贯通，对预防关节疼痛有较好的作用。

八、右揽雀尾

(一) 拳式名称释义

同“左揽雀尾”。

(二) 动作学练

1. 完整示范：接“左揽雀尾”之弓步推按动作。(1) 转身分掌。(2) 左丁步抱球。(3) 弓步掤臂。(4) 转体摆臂。(5) 转体后捋。(6) 弓步前挤。(7) 后坐引手。(8) 弓步前按。

2. 下肢动作分解:(1) 重心后移，后坐右转，左脚内扣。(2) 重心移至左脚，右脚收回成右丁步。(3) 转体上步，成右弓步。(4) 上体稍向右转，身体重心后移至左腿。(5) 重心再前移，成右弓步。(6) 上体后坐，右脚尖翘起。(7) 重心前移，成右弓步。

3. 上肢动作分解:(1) 上体后坐并向右转，右手向右平行画弧至右侧，目视右手方位。(2) 右手自然下落，左抱球。(3) 掤：上体右转，两手前后分开，右臂半屈向体前掤架；左手向下画弧，按于左胯旁，手心向下，五指向前；眼视右手。(4) 上体稍向右转，右手向右前方伸出，手心向下；同时左臂外旋，向上、向前伸至右臂内侧，掌心向上。(5) 捋：上体左转，身体后坐，两手同时向下经腹前向左后方画弧后捋，左手举于身体侧后方，掌心向外，右臂平屈于胸前，掌心向后；眼视左手。(6) 挤：左手推送右前臂向体前挤出，两臂撑圆。(7) 上体后坐，右手翻转向下，左手经右腕上方向前伸出，掌心转向下，两手左右分开，与肩同宽；两臂屈收后引，收至腹前，手心斜向下。(8) 按：两手沿弧线推至体前。

(三) 学练要点

同“左揽雀尾”。

（四）攻防含义

同“左揽雀尾”。

（五）健康贴士

同“左揽雀尾”。

【24 式太极拳组合动作　第三组】

组合3

一、动作名称

左右揽雀尾

二、动作口令

由左虚步推掌动作开始，

1. 左揽雀尾：

丁步抱球、左弓步掤臂、旋臂前伸、转身后捋、提手转身搭腕、左弓步前挤、分掌后坐、左弓步推按

2. 右揽雀尾：

转身分掌、丁步抱球、右弓步掤臂、旋臂前伸、转身后捋、提手转身搭腕、右弓步前挤、分掌后坐、右弓步推按

九、单鞭

1. 转身扣脚云手

2. 勾手收脚

3. 转体上步

4. 弓步推掌

（一）拳式名称释义

“单鞭”是回身应招的拳式，属于顺转左右引击法，其动作形态是一手为勾手，另一手拂面后，向前挥出。身体上下拔直，如同鞭杆；单臂挥出，如同鞭击；下盘弓步，犹如跨马扬鞭，故而得名。在技法上，属于拴法，或称拴手，因其手法近似闩门或拴马柱而得名。另外，单鞭在整套的拳架中，起着承前启后的作用。换句话说，“单鞭”可作为套路中的衔接动作，将前后不同的“式子”自然地连接起来，成为整体套路。24 式太极拳选用 2 个单鞭。

（二）动作学练

1. 完整示范：接“右揽雀尾”之右弓步推按动作。（1）转身扣脚云手。（2）勾手收脚。（3）转体上步。（4）弓步推掌。

2. 下肢动作分解：（1）上体后移，身体重心逐渐移至左腿上，右脚尖内扣。（2）身体重心再逐渐移至右腿上，上体右转，左脚向右脚靠拢，成左丁步。（3）上体微向左转，左脚向左前方迈步，成左弓步，右脚跟后蹬。

3. 上肢动作分解：（1）上体左转，两手左高右低向左画弧形运转，直至左臂平举，伸于身体左侧，手心向左；右手经腹前运至左肋前，掌心斜向上；眼看左手方位。（2）右手向右上方画弧，手心由里转向外，至右侧方时变勾手，臂略高于肩；左手向下经腹前向右上画弧停于右肩前，手心向里；眼看右勾手方位。（3）在身体重心移向左腿的同时，左掌随上体左转，慢慢翻转，向前推出，手心向前，手指与眼齐平，臂微屈；眼看左手前方。

（三）学练要点

重心移动平稳，两腿要虚实分明。做勾手时右臂不要过直。推掌时随上体转动，弓腿，翻掌前推。

（四）攻防含义

对方从右后上方打来，我即转身用右勾手化解，用勾手阻挡对方进攻，用勾背进击对方下颌或胸部。如对方离身体较近，即用肘打。如果对方已贴身，即用靠劲，以左云掌进击对方面部。

（五）健康贴士

本式动作对腕关节综合征、颈部疼痛、手部腱鞘变肿有预防和治疗作用。

云手

十、云手

1. 转身扣脚摆掌

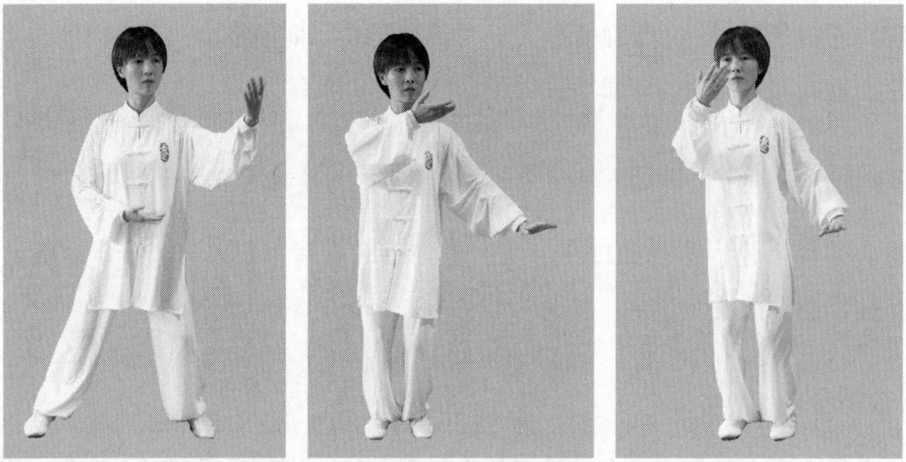

2. 并步左云手

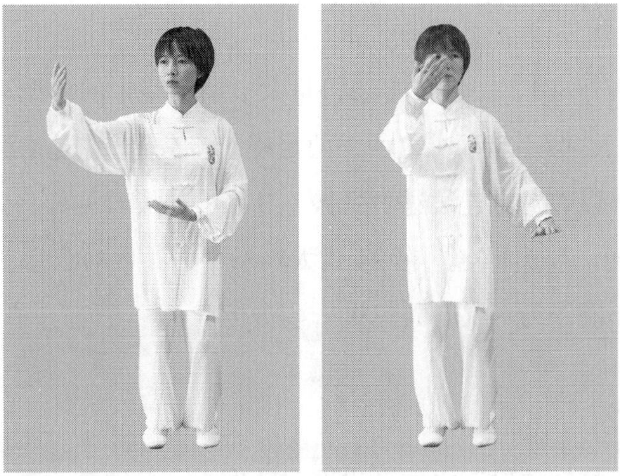

3. 开步右云手

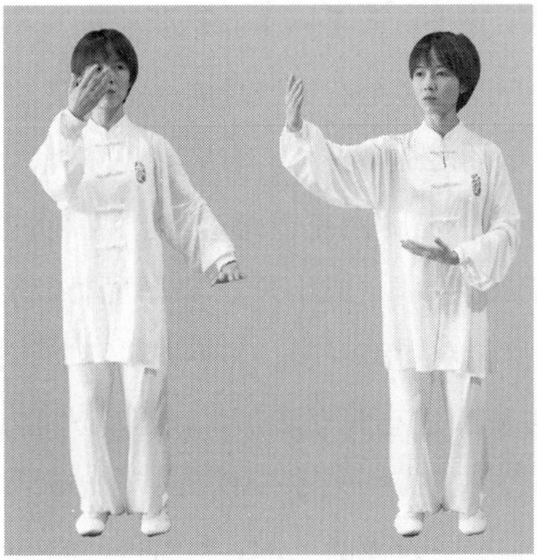

4. 并步左云手

5. 开步右云手

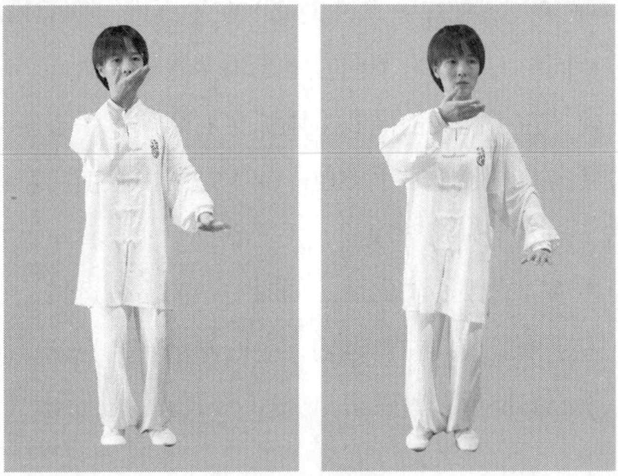

6. 并步左云手

（一）拳式名称释义

"云手"为左右一引、一进技击法，是太极拳套路中的典型动作，用的是横向移步法。歌诀中云"两手转环东复西，两足横行步法奇"，是指通过身体的回旋运动和两手的缠绕，以破对方连续进击之势。其手势如拨云见日，又如中国书法之挥毫泼墨，轻盈流畅，故而得名。在 24 式太极拳中，共收有云手三个分式，以左右两手在身前各画一圈作为一次，共三次。

（二）动作学练

1. 完整示范：接"单鞭"之左弓步推掌动作。（1）转身扣脚摆掌。（2）并步左云手。（3）开步右云手。（4）并步左云手。（5）开步右云手。（6）并步左云手。

2. 下肢动作分解：（1）转身扣脚：身体重心逐渐移至右腿，身体逐渐右转，左脚尖内扣。（2）并步：上体慢慢左转，身体重心随之逐渐左移；右脚靠近左脚，成小开立步，两脚距离约 10—20 厘米。（3）开步：左腿向左横跨一步。（4）并步：上体慢慢左转，身体重心随之逐渐左移；右脚靠近左脚，成小开立步，两脚距离约 10—20 厘米。（5）开步：上体再向右转，左腿向左横跨一步。（6）并步：上体慢慢左转，身体重心随之逐渐左移；右脚靠近左脚，成小开立步，两脚距离约 10—20 厘米。

3. 上肢动作分解：（1）左手经腹前向右上画弧至右肩前，手心斜向后；同时右手变掌，手心向右前方；眼看右手方位。（2）左手不停，继续由脸前向左侧运转，手心渐渐转向左方；同时右手由右下向左上画弧至腹前，手心斜向上；眼看左手方位。（3）上体向右转，左手经腹前向右上画弧至右肩前，手心斜向后；同时右手向右侧运转，手心翻转向右；眼看右手方位。（4）左手由脸前向左运转，手心转向左方；同时右手由右下向左上画弧至腹前，手心斜向后；眼看左手方位。（5）左手经腹前向右上画弧至右前方，手心斜向后；同时右手向右侧运转，手心翻转向右；眼看右手方位。（6）左手由脸前向左侧运转，手心渐渐转向左方；同时右手由右下向左上画弧至腹前，手心斜向后。

（三）学练要点

以腰为轴，转腰带手交叉画弧。上下肢要协调一致，不可脱节。身体平移，不可起伏。

（四）攻防含义

对方用右（左）手击打，我以右（左）手腕掤接，随即翻转手腕按采对方右（左）手腕。同时，用我左（右）手掌击打对方腰肋。

（五）健康贴士

本式以导引手阳明大肠经为重点，手足的协调运动及意念的运用，使手三阳与足三阳贯通，尤其形成手阳明与足阳明的表里经脉大循环，从而起到防治表里胃肠疾病的作用。利大肠，主治慢性胃炎、胃溃疡，同时，对肩部有较好的调节作用，对肩周炎、颈椎病有一定的疗效。

十一、单鞭

1. 右转体勾手　　2. 左转体上步　　3. 弓步推掌

（一）拳式名称释义

同第九式“单鞭”。

（二）动作学练

1. 完整示范：接“云手”之并步左云手动作。（1）右转体勾手。（2）左转体上步。（3）弓步推掌。

2. 下肢动作分解：（1）上体向右转，同时身体重心移向右脚，成左丁步。（2）上体微向左转，左脚向左前侧方迈出，脚跟先着地，右脚跟后蹬，左脚渐渐踏实，成左弓步。

3. 上肢动作分解：（1）右手向右运行，当右掌云拨至右侧前方时，变勾手，勾尖向下，臂略高于肩；左手经腹前向右上画弧至右肩前，手心向后；眼看右手方位。（2）在身体重心移向左腿的同时，左掌随上体的左转慢慢翻转，向前推出，手心向前，手指与眼齐平，臂微屈；眼看左手方向。

（三）学练要点

同第九式“单鞭”。

（四）攻防含义

同第九式“单鞭”。

（五）健康贴士

同第九式“单鞭”。

【24 式太极拳组合动作　第四组】

一、动作名称

单鞭、云手、单鞭

二、动作口令

由右弓步推按动作开始，

1. 单鞭：

转身扣脚云手、丁步勾手、左转体上步、弓步推掌

2. 云手：

转体扣脚、并步左云手、开步右云手、并步左云手、开步右云手、并步左云手、开步右云手

3. 单鞭：

丁步勾手、转体上步、弓步推掌

十二、高探马

1. 跟步旋掌

2. 落步看掌

3. 虚步探掌

（一）拳式名称释义

“高探马”是缩步化敌的招式。定势时的动作为左手回收，右手前探，在技击上以退为进，以上手化拿对方来拳，然后用掌击其面部。有拳家云：“何为高探马？如马高大骑之，而以手先探其鞍也。”故而得名。其基本要领是一脚踏实站立，一脚前探虚点，一手在下回收，一手在上探出。

（二）动作学练

1. 完整示范：由“单鞭”之弓步推掌动作开始。（1）跟步旋掌。（2）落步看掌。（3）虚步探掌。

2. 下肢动作分解：（1）右脚跟进半步，身体重心逐渐后移至右腿上。（2）上体微向左转，面向前方，同时左脚微向前移，脚尖点地，成左虚步。

3. 上肢动作分解：（1）右勾手变掌，两手心翻转向上，两肘微屈，同时身体微向右转；眼看右手方位。（2）右掌经右耳旁向前推出，手心向前，手与眼同高；左手收至左侧腰前，手心向上；眼看右手前方。

（三）学练要点

跟步时上体正直，不可起伏；推手与成虚步同时。

（四）攻防含义

对方以右手挑拨我左掌，我即用左掌翻转其右手，以叠劲粘黏带回，同时，用右掌向其面部探击。左掌主拦采带，右掌扑面封喉。腰髋的转动加强右掌的攻击力，同时左掌置于腹前，有防卫的作用。

（五）健康贴士

人体五官位于身体之巅，其经络运行主要受少阳经的影响，本式动作尤其是双掌的推出，可促进少阳经经气自右耳上行，并带动五官经气的运行，有利于防治五官疾病。

十三、右蹬脚

1. 穿掌收脚

2. 弓步分掌

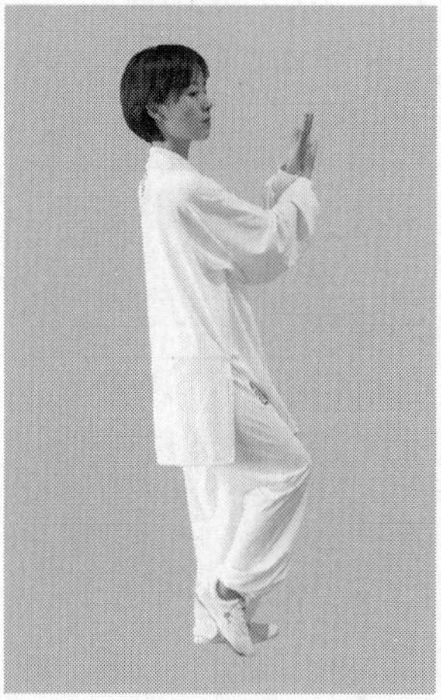

3. 抱掌收脚

4. 分掌蹬腿

（一）拳式名称释义

本式用手接取对方来击之手，同时提腿，用脚跟蹬对方腰肋或腹部，故而得名。本式要求支撑腿稳定，膝关节不可僵挺，上体要维持中正，不可前俯后仰、左右歪斜。

（二）动作学练

1. 完整示范：由“高探马”之虚步探掌动作开始。（1）穿掌收脚。（2）弓步分掌。（3）抱掌收脚。（4）分掌蹬腿。

2. 下肢动作分解：（1）左脚提起向左前侧方进步，脚尖略朝外。（2）身体重心前移，右腿自然伸直，成左弓步。（3）右脚向左脚靠拢，脚尖点地。（4）右腿屈膝提起，右脚向右前方慢慢蹬出。

3. 上肢动作分解：（1）左手手心向上，前伸至右腕背面，两手交叉。（2）随即向两侧分开并向下画弧，手心斜向下；眼看前方。（3）两手由外圈向里圈画弧，两手交叉合抱于胸前，右手在外左手在内，手心均向内。（4）两臂左右画弧分开平举，肘部微屈，手心均向外；眼看右手方向。

（三）学练要点

穿掌收脚时，两手交叉、距离胸部约 20 厘米，身体左转 45 度。分掌蹬腿时，蹬腿应过腰，两手高不过头，分手撑掌与蹬腿同时完成。

（四）攻防含义

对方进攻，用右手击打我头部，我即用双手交叉上架，随即双手分开，用右脚猛力向对方腹部蹬击。

（五）健康贴士

本式腿部运动的动作，具有调整中枢神经平衡的功能，可增强腿部肌肉力量，长期习练对腰、腿、膝、足疾病及神经衰弱有较好的防治作用。

十四、双峰贯耳

1. 屈膝托掌

2. 上步落手

3. 弓步贯拳

（一）拳式名称释义

“双峰贯耳”是指两拳犹如落下的两座山峰，从两侧贯击对方的双耳，疾如风行，故而得名。该式先用双拳化解对方攻势，后改变方向击打对方两耳门或太阳穴。

（二）动作学练

1. 完整示范：由“右蹬脚”之分掌蹬腿动作开始。（1）屈膝托掌。（2）上步落手。（3）弓步贯拳。

2. 下肢动作分解：（1）由右蹬脚动作开始，右腿收回，屈膝平举。（2）右脚向右前方落下，脚跟先着地。（3）身体重心渐渐前移，成右弓步，面向右前方。

3. 上肢动作分解：（1）左手由后上方向前下落于体前，两手心均翻转向上，两手同时向下画弧落于右膝两侧；眼看前下方。（2）两手下落，慢慢变拳，分别从两侧向上、向前画弧至面部前方，成钳形状，两拳相对，高与耳齐，拳眼都斜向内下（两拳之间距离约10—20厘米）；眼看两拳之间。

（三）学练要点

弓步的方向与右蹬脚的方向一致。弓步贯拳时肘关节下垂，上体正直。

（四）攻防含义

对方双拳进攻，我两掌下按，同时两拳快速向对方左右太阳穴击打。

（五）健康贴士

本式通过四肢运动，导引浊气下行，长期习练具有醒脑提神、防治五官疾病的功效。

十五、转身左蹬脚

1. 转身分掌

2. 抱掌收脚

3. 分掌蹬腿

（一）拳式名称释义

同“右蹬脚”，但改为左脚蹬踹。

（二）动作学练

1. 完整示范：由“双峰贯耳”之右弓步贯拳动作开始。（1）转身分掌。（2）抱掌收脚。（3）分掌蹬腿。

2. 下肢分解动作：（1）左腿屈膝后坐，身体重心移至左腿，上体左转，右脚尖内扣。（2）身体重心再移至右腿，左脚收到右脚内侧，脚尖点地。（3）左腿屈膝提起，左脚向左前方慢慢蹬出。

3. 上肢分解动作：（1）两拳变掌，由上分别向左右画弧，分开平举，手心向前；眼看左手方位。（2）两手由外向里画弧，合抱于胸前，左手在外，手心均向内；眼平视左方。（3）两臂分别向左右画弧，分开平举，肘部微屈，手心均向外。

（三）学练要点

转身时，要充分坐腿扣脚，上体保持正直，不可低头弯腰。左蹬脚与右蹬脚的方向要对称。

（四）攻防含义

对方以双拳（掌）进击，我以掌拨开对方的进击，随即以脚踹对方，使其跌倒。

（五）健康贴士

同“右蹬脚”。

【24 式太极拳组合动作　第五组】

一、动作名称

高探马、右蹬脚、双峰贯耳、转身左蹬脚

二、动作口令

由弓步推掌动作开始，

1. 高探马：

跟步旋掌、落步看掌、虚步探掌

2. 右蹬脚：

穿掌收脚、弓步分掌、抱掌收脚、分掌蹬腿

3. 双峰贯耳：

屈膝托掌、上步落手、弓步贯拳

4. 转身左蹬脚：

转身分掌、抱掌收脚、分掌蹬腿

十六、左下势独立

1. 提膝勾手

2. 仆步穿掌

3. 弓腿反勾

4. 提膝挑掌

（一）拳式名称释义

“左下势独立”是24式太极拳套路中特有的名称。因为在传统的杨式太极拳谱中，它是两个不同类型的单一动作，即一个是“下势”，另一个是“金鸡独立”。

所谓“下势”是指大幅度地降低身体重心，意在避开对手的进击，并有效地攻击对手的下盘。“独立”又叫“金鸡独立”，为一足立地，一足提起，一手上扬，一手下按，犹如雄鸡展翅，金鸡报晓。在技法上，这是一种双管齐下的膝顶、拳击之法。

（二）动作学练

1. 完整示范：由“转身左蹬脚”之分掌蹬腿动作开始。（1）提膝勾手。（2）仆步穿掌。（3）弓腿反勾。（4）提膝挑掌。

2. 下肢动作分解：（1）右脚保持不动，左腿向右收回，屈膝平举于腹前，脚尖自然下垂。（2）右腿慢慢屈膝下蹲，左腿由内向左侧（偏后）伸出，成左仆步。（3）身体重心向前移，以左脚跟为轴，脚尖尽量向外撇，左腿前弓，右腿右蹬。（4）右腿慢慢提起，平屈，成左独立步。

3. 上肢动作分解：（1）上体微右转，右手变成勾手；左掌向上、向右画弧下落，立于右肩前，掌心斜向后；眼看右手方位。（2）左手下落（掌心向外），向左下顺左腿内侧向前穿出；眼看左手方位。（3）左臂继续向前伸出（立掌），掌心向右；右勾手下落，勾尖向后；眼看左手前方。（4）右勾手变掌，并由后下方顺右腿外侧向上弧形上挑，屈臂立于右腿上方，肘与膝相对，手心向左；左手落于左胯旁，手心向下，指尖向前；眼看右手前方。

（三）学练要点

仆步穿掌时，上体不可前倾。由仆步转换为独立步时，一定要充分做好两脚的外撇和内扣。独立挑掌时，挑起手的手肘与膝相对。

（四）攻防含义

对方以猛力进击，我则顺势以仆步化解其力，然后再反击。仆步是以退为进的方法。对方右拳进攻，我用左手格开，抓其腕，同时右手快速向其腋下挑起、回带，右膝猛顶其胸腹部。

（五）健康贴士

本式以单足独立的方式，导引人体元气上行，对足三阴肾经有补益和提升之效，有清热、生气、滋阴、壮阳的功能，适合肾虚腰痛、关节炎、牙龈肿痛和肝病患者练习。

十七、右下势独立

1. 转身丁步勾手

2. 仆步穿掌

3. 弓腿反勾

4. 提膝挑掌

（一）拳式名称释义

同“左下势独立”，只是立腿、上扬手、下按手左右相反。

（二）动作学练

1. 完整示范：由“左下势独立”之提膝挑掌动作开始。（1）转身丁步勾手。（2）仆步穿掌。（3）弓腿反勾。（4）提膝挑掌。

2. 下肢动作分解：（1）右脚下落于左脚前，脚掌着地，然后以左脚前脚掌为轴，转动脚跟，身体随之左转 90 度。（2）左腿慢慢屈膝下蹲，右腿由内向右侧（偏后）伸出，成右仆步。（3）身体重心前移，以右脚跟为轴，脚尖尽量向外撇，右腿前弓，左腿后蹬，上体微向右转并向前起身。（4）左腿慢慢提起，平屈，成右独立步。

3. 上肢动作分解：（1）上体微左转，左手向后平举变成勾手；右掌随着转体向左侧画弧，立于左肩前，掌心斜向后；眼看左手方位。（2）右手下落（掌心向外）向右下顺右腿内侧向前穿出；眼看右手方位。（3）右臂继续向前伸出（立掌），掌心向左；左勾手下落，勾尖向后；眼看右手前方。（4）左勾手变掌，并由后下方顺左腿外侧向前弧形上挑，屈臂立于左腿上方，肘与膝相对，手心向右；右手落于右胯旁，手心向下，指尖向前；眼看左手前方。

（三）学练要点

转身丁步勾手时，右脚前掌应落在左脚右前方 20 厘米处。仆步穿掌时，应先把右脚提起后再伸出。

（四）攻防含义

同“左下势独立”。

（五）健康贴士

同“左下势独立”。

【24 式太极拳组合动作　第六组】

一、动作名称

左下势独立、右下势独立

二、动作口令

由左蹬脚动作开始，

1. 左下势独立：

提膝勾手、仆步穿掌、弓腿反勾、提膝挑掌

2. 右下势独立：

转身丁步摆掌勾手，仆步穿掌、弓腿反勾、提膝挑掌

十八、左右穿梭

1 右穿梭

1. 落脚抱球

2. 上步错手

3. 弓步架推

2 左穿梭

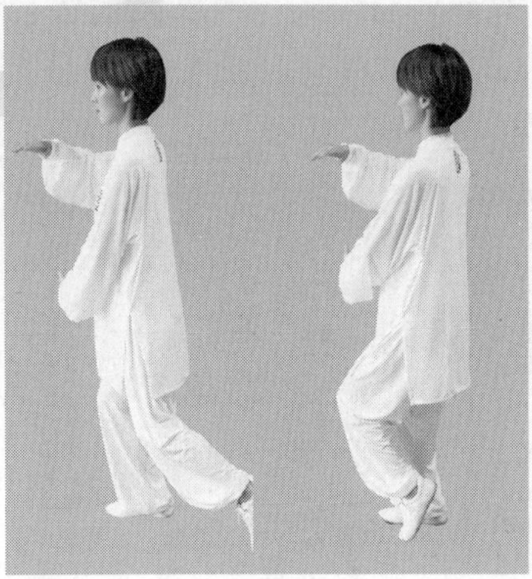

1. 抱球收脚

2. 上步错手

3. 弓步架推

（一）拳式名称释义

“左右穿梭”又称“玉女穿梭”，属于四斜角动作，上手为守势，下手为攻势。拳谚云：“转引转击出重围，宛如织女弄织机。此身直进谁比迅，一片神行自古稀。”周行四角，连续不断，纤细灵动，忽隐忽现，故而得名。24式太极拳仅选用了两个方向相反的斜角动作。

（二）动作学练

1. 完整示范：由“右下势独立”之右提膝挑掌动作开始。（1）落步抱球收脚。（2）上步错手。（3）弓步架推。（4）跟步抱球收脚。（5）上步错手。（6）弓步架推。

2. 下肢动作分解：（1）身体微向左转，左脚向前落地，脚尖外撇，右脚跟离地，两腿屈膝半蹲，然后右脚收到左脚内侧，脚尖点地。（2）身体右转，右脚向右前方迈出，屈膝弓腿，成右弓步。（3）重心后移，右脚尖稍微外撇，随即上体重心再移到右腿，左脚跟进，停于右脚内侧，脚尖点地。（4）身体左转，左脚向左前方迈步，屈膝弓腿，成左弓步。

3. 上肢动作分解：（1）两手在左胸前成左抱球状（左上右下）；眼看左前臂

方向。（2）右手由脸前向上举并翻掌，停架在右额前，手心斜向上；左手先向左下、再经体前向前推出，高与鼻尖平，手心向前；眼看左手。（3）两手在胸前成右抱球状；眼看右前臂方位。（4）左手由脸前向上举并翻掌，停架在左额前，手心斜向上；右手先向右下、再经体前向前推出，高与鼻尖平，手心向前；眼看右手。

（三）学练要点

两掌要有节奏地上架与前推。

（四）攻防含义

对方右拳进攻，我用右臂屈肘上架，同时，左掌向其胸腹部猛力击打。

（五）健康贴士

中医认为，肺为百气之主，主调理气机，而且和大肠互为表里，因此如果肺气不降就会导致大便不通，产生便秘。本式通过左右胸前三阳经的升降，将上焦肺气导引至左右手末端的手阳明大肠经而出，具有导气通络、治疗大便秘结的作用。

十九、海底针

1. 跟步提手

2. 虚步插掌

（一）拳式名称释义

“海底”是指会阴穴，“针”比喻四根手指。左掌下按对方右手，右手掌顺势下插对方会阴穴，如探海之针，故称“海底针”。本式以自身的手指为“针”，以插、点为技击动作，向对手的裆部或者下腹部，即人体中最要害的部位戳击。在演练时，折腰点插只需插到对方裆部的高度（即四指稍过膝）即可，而不必采插到地面去。

（二）动作学练

1. 完整示范：上接“左右穿梭”之左弓步架推动作。（1）跟步提手。（2）虚步插掌。

2. 下肢动作分解：（1）右脚向前跟进半步。（2）重心移至右腿，右腿屈膝后坐，左脚轻微提起，身体稍向右转。（3）上体左转，向前俯身，左脚轻微落地，脚尖点地，成左虚步。

3. 上肢动作分解：（1）右手下落，经体前向后、向上提抽至耳旁，掌心向左，指尖向前；同时左手向右画弧，下落至腹前，掌心向下，指尖斜向右；目视右手。（2）右掌再由耳旁斜向前下方插出，掌心向左，指尖斜向下；同时左手经膝前画弧搂过，按至左大腿侧；目视前下方。

（三）学练要点

右手随转体在体侧画一立圆提于右耳侧。插掌时，不可因前俯而弯腰驼背。上下肢动作必须协调同步。

（四）攻防含义

对方右手打来，我用左手下按其右手，同时右手直插对方裆部。

（五）健康贴士

与“左右穿梭”相似。主要通过四肢的屈伸运动，导引元气运行，起到活血的作用，对便秘等症状具有较好的治疗效果。

二十、闪通背

1. 提手收脚

2. 弓步推掌

（一）拳式名称释义

“闪通背”又名“扇通背”，即将自己的脊背比作扇轴，将两臂看成扇柄。在腰脊的作用下，两臂分别向两侧像折扇一样打开。本式两臂展开而内劲完整一气，是杨式太极拳典型的发劲拳式。

（二）动作学练

1. 完整示范：接“海底针”之左虚步下插动作。（1）提手收脚。（2）弓步架推。

2. 下肢动作分解：（1）上体微向右转，左脚略微向上提起。（2）左脚向前迈出，脚跟着地。（3）左腿屈膝，成左弓步。

3. 上肢动作分解：（1）两手上提至胸前，左手屈臂收举，掌指贴近右腕内侧，目视前方。（2）右手屈臂上举，停于右额前上方，掌心翻转斜向上，拇指朝下；同时左手由胸前随重心前移慢慢向前推出，高与鼻尖平，手心斜向前；目视左手方向。

（三）学练要点

两手先上提，后分开。右手上撑，向后引拉。前手、前腿上下相对。

（四）攻防含义

对方用掌向我头部下劈，我迅速用右手臂上架，同时，上左脚，用左掌击推其胸肋，腰、腿、臂同时快速发力。

（五）健康贴士

本式调理三焦经，激发肩井穴的经气，疏导水液，强健腰脊，主治肩背痹痛、手臂不举、颈项强痛、诸虚百损。适合肩周炎、腰背酸痛、耳聋的患者练习。

习练本式要求稍加力度，配合弓步和推掌等，以利于机体气血的通畅，提高肌肉耐力。

【24式太极拳组合动作　第七组】

一、动作名称

左右穿梭、海底针、闪通背

二、动作口令

由“右下势独立”之右提膝挑掌动作开始，

1. 左右穿梭：

落步抱球收脚、转体上步、弓步架推掌、重心后移、跟步抱球收脚、转体上步、左弓步架推掌

2. 海底针：

跟步提手、左虚步插掌

3. 闪通背：

提手收脚、左弓步架推掌

二十一、转身搬拦捶

1. 转体扣脚

2. 坐腿握拳

3. 踩脚搬拳

4. 转体收拳

5. 上步拦掌

6. 弓步打拳

(一)拳式名称释义

“搬拦捶”是用手搬移敌拳，对对方加以拦阻，并用拳攻击敌人的三招连环招数。演练中，连续进步，环环紧扣，一气呵成。传统杨式太极拳称之为“进步搬拦捶”，24 式太极拳称之为“转身搬拦捶”，名字虽不同，但道理都一样。

（二）动作学练

1. 完整示范：由“闪通背”之左弓步推掌动作开始。（1）转体扣脚。（2）坐腿握拳。（3）踩脚搬拳。（4）转体收拳。（5）上步拦掌。（6）弓步打拳。

2. 下肢动作分解：（1）上体逐渐后坐，身体重心移至右腿上，脚尖向内扣。（2）身体向右后转，然后身体重心再移至左腿上，右脚收回后（不要停顿或脚尖点地）即向前迈出，脚尖略微外撇。（3）身体重心移至右腿上，左腿向前迈出一步，脚跟着地。（4）左腿前弓，成左弓步。

3. 上肢动作分解：（1）右手随着身体右移向右下（变拳）、经腹前画弧至左肩前，拳心向下；左掌上举于头前，掌心斜向上；目视右前方。（2）向右转体，右拳经胸前向前翻转撇出，拳心斜向上；左手落于左胯旁，掌心向下，指尖向前；目视右拳方位。（3）左手上起，经左侧向前上画弧拦出，掌心向前下方；右拳向右画弧，收到右腰旁，掌心向上；目视左手方向。（4）右拳向前打出，拳眼向上，高与肩平；左手附于右前臂里侧；目视右拳。

（三）学练要点

1. 搬拳时由上向下滚压前臂，右脚尖外撇。

2. 拦掌时由左向右，以腰带臂，内旋翻掌拦截。

3. 打拳时借助腰部旋转的力量向前冲打，右肩随拳略向前引，沉肩垂肘。

（四）攻防含义

对方右拳进击，我即以右拳搬压，同时以左掌还击；对方以左手接我左掌，我将对方化解，同时进步逼近对方，借转腰之势，急以右拳击其胸腹。

（五）健康贴士

本式通过双手的握拳、双臂的画弧等腰部的补肾和胸腹部的行气动作及下腹部的沉入丹田动作，对人体经脉尤其是对妇女的任脉、冲脉和带脉具有良好的调节作用。长期习练，不仅可预防和治疗妇科疾病，而且对于健肾补肝、行气开郁、补益元气都有良好的效果。

二十二、如封似闭

1. 穿手翻掌

2. 后坐收掌

3. 弓步按掌

（一）拳式名称释义

“如封似闭”为解脱—封闭—进攻的连环招法，由十字搭手、双分手、前推手三个动作组成。“封”是封锁，两手呈斜十字交叉，状如封条，属守法；“闭”是进逼，通过沉肩垂肘，两掌微收，向里引进，以化解敌势，双掌前推犹如门，属进攻法。本式是以门的开合来比喻封锁敌手、进而攻敌的方法，故而得名。

（二）动作学练

1. 完整动作示范：（1）穿手翻掌。（2）后坐收掌。（3）弓步按掌。

2. 下肢动作分解：（1）上体后坐，重心移到右腿，左脚尖跷起。（2）弓步前移。

3. 上肢动作分解：（1）左手经右腕下向前伸出，同时右拳变掌。（2）两手心翻转向上，慢慢分开、收回。（3）两手在胸前翻掌向下，再向前推出，腕部与肩平，手心向前。

（三）学练要点

后坐收掌时避免上体后仰。弓步按掌时两掌由下向上、向前推按。

（四）攻防含义

对方以左手握我右拳或右肘时，我即以左掌由右臂下穿出，按其左腕，掤住对方来势，顺其势微向后引带，以动其重心，顺势抽出右掌，按其臂膀，然后以双掌进击。

（五）健康贴士

两掌的运转、穿臂翻掌、收掌推掌等动作，可调节手三阴经。长期习练，可防治咳喘、咽喉痛等呼吸系统疾病。

二十三、十字手

1. 转体扣脚摆掌

2. 收脚合抱

(一)拳式名称释义

“十字手”是防上御下之法，为一开一合劲。开，以滚化敌手；合，以掤封敌臂。两手由开而合，内外交叠，环抱在胸，形状如十字，故而得名。十字手除了是以防守为主、以静待动的招式外，还是一招用于衔接各式的动作。

（二）动作学练

1. 完整示范：由“如封似闭”之弓步推按动作开始。（1）转身摆掌。（2）收脚并步合抱。

2. 下肢动作分解：（1）屈膝后坐，身体重心移向右腿，左脚尖内扣，向右转体。（2）右脚尖随着转体稍向外撇，成右侧弓步。（3）身体重心慢慢移至左腿，右脚尖内扣，随即向左收回，两脚距离与肩同宽，两腿逐渐蹬直，成开立步。

3. 上肢动作分解：（1）右手随着转体动作向右平摆画弧，与左手成斜向侧平举，掌心均向外，肘部微屈；目视右手方向。（2）两手向下，经腹前向上画弧，交叉合抱于胸前，两臂撑圆，腕高与肩平，右手在外，成十字手，手心均向后；目视前方。

（三）学练要点

转体扣脚与弓步分手要连贯衔接。两手画弧下落时不可弯腰低头。

（四）攻防含义

对方双手进击我面部，我以双掌将对方双手分开，破坏其来势。如对方进击我腹部，我以下掤接其来势，趁对方回收之时，我顺势合掤，将对方送出。

（五）健康贴士

两手分开及环抱的动作可导引人体气血运行，对肝血亏损、胸闷体疲、内分泌失调、月经不调等症状具有一定的防治作用。

二十四、收势

1. 分掌下按

2. 并步还原

（一）拳式名称释义

“收势”是太极拳拳式之一，为全套终了之法，也就是整个套路结束时的收拳还原式。由动入静，由太极状态复归于无极状态，这与“预备式”之无极而太极前后呼应，正所谓“动之则分，静之则合”。

（二）动作学练

1. 完整示范：由“十字手”之收脚合抱动作开始。（1）分掌下按。（2）并步还原。

2. 动作分解：（1）两手向内翻掌，手心向下，然后两手分开，慢慢下落，停于腹前；眼视前方。（2）左脚向右脚内侧提收，两脚并拢，身体自然直立；眼视前方。

（三）学练要点

翻掌分手时，左手在上，腕关节不要屈折挽花。垂臂落手与起身一致。

（四）攻防含义

对方以“双峰贯耳”向我进击，我则双臂从内向上抬起，化解其力，两手顺势采拿其腕后，引致其失去重心。

（五）健康贴士

神意内含，沉气松体，使身体处于无极状态，使内脏恢复自然状态。

【24式太极拳组合动作 第八组】

组合8

一、动作名称

转身搬拦捶、如封似闭、十字手、收势

二、动作口令

由左弓步架推掌动作开始，

1. 转身搬拦捶：

转身扣脚摆掌、收脚握拳、上步踩脚搬打、进步拦击、弓步冲拳

2. 如封似闭：

穿掌回收、弓步推按

3. 十字手：

转身摆掌、收脚并步合抱

4. 收势：

分掌下按、并步直立

参考文献

1. 曹裕安（2013）《二十四式简化太极拳通俗讲话》，北京：中国中医药出版社。
2. 崔仲三（2018）《看视频学太极——二十四式太极拳》，青岛：青岛出版社。
3. 韩　旭主编（2017）《24式太极拳》，北京：化学工业出版社。
4. 胡建平、胡精超、赵新平（2019）《太极拳与中医学价值研究》，郑州：郑州大学出版社。
5. 蓝　晟（2012）《国学与太极拳——中国人必修的文武之道》，北京：当代中国出版社。
6. 李章智（2015）《极简太极：3分钟赶走疲劳》，南京：江苏科学技术出版社。
7. 乔凤杰（2014）《文化符号（武术）》，北京：社会科学文献出版社。
8. 万周迎（2018）《轻敲太极门：太极拳理法与势法》，北京：北京科学技术出版社。
9. 颜农秋（2017）《心灵太极道》，广州：广东人民出版社。
10. 易　鹏（2017）《太极拳文化与功法习练》，北京：高等教育出版社。
11. 余功保（2013）《太极密码——太极拳十三经心解》，北京：人民体育出版社。
12. 余功保（2014）《太极拳的奥秘》，北京：人民体育出版社。
13. 庄亚军（2010）《图释详解24式太极拳：纠偏手记》，上海：上海文化出版社。